모바일 보안 및 앱 보호

스마트폰, 앱, 메시지를 디지털 침입자로부터 안전하게 보호하는 방법

조 코레아

Live Stronger Faster 출판

초판

목차

서문 4

제1장: 모바일 사이버 범죄의 실제 위험 6

제2장: 앱 권한의 이해와 그것이 어떻게 악용되는지 11

제3장: 공용 Wi-Fi, 블루투스, 위치 추적의 위험 16

제4장: 스마트폰 보안 강화 – 설정, 도구 및 모범 사례 21

제5장: 개인 파일, 사진 및 클라우드 데이터 보호 25

제6장: 모바일에서 안전한 메시징, 통화 및 영상 통화 29

제7장: 모바일 앱 함정, 악성코드 및 스파이웨어 위협 33

제8장: 스마트폰을 분실, 도난당했거나 압수되었을 때 대처 방법 37

제9장: 가족과 어린이를 위한 모바일 보안 41

제10장: 모바일 보안의 미래 – 트렌드, 위협, 그리고 앞서 나가는 방법 45

보안은 목적지가 아니라, 지속적인 실천이다 49

서문

디지털 시대에 스마트폰은 단순한 전화기가 아닙니다. 카메라이자 지갑이며, 메시지 허브이자 여행 가이드, 건강 관리 도구이며, 개인과 직업 생활의 거의 모든 정보에 접근할 수 있는 관문입니다. 그렇기 때문에 스마트폰은 사이버 범죄자, 데이터 수집자, 침입형 앱들에게 가장 매력적인 표적 중 하나가 됩니다. 그런데도 대부분의 사람들은 집을 나설 때 현관문은 잠그면서도, 가장 자주 사용하는 기기에는 그만큼의 보안 의식을 적용하지 않습니다.

이 책은 당신의 모바일 라이프를 지키기 위한 완벽한 가이드입니다. 아이폰, 안드로이드, 또는 태블릿을 사용하든 관계없이, 이 책은 기술 전문가가 아니어도 기기, 앱, 데이터를 보호할 수 있도록 명확하고 따라 하기 쉬운 프레임워크를 제공합니다. 암호화, 앱 권한 설정부터 안전한 메시징과 모바일 VPN까지, 취약성을 크게 줄일 수 있는 핵심 설정, 기능, 도구를 단계별로 안내합니다.

또한 많은 사람들이 인지하지 못하는 주요 위협들도 조명합니다. 예를 들어 가짜 앱, 권한 남용, 블루투스 기반 공격, 위치 추적, 무료 Wi-Fi의 숨겨진 위험 등이 있습니다. 각 장에는 실제 사례, 전문가 팁, 그리고 즉시 활용할 수 있는 최신 보안 도구들이 담겨 있습니다.

이 책을 끝까지 읽고 나면, 모바일 공격이 어떻게 발생하는지 이해하고, 위험 신호를 인식하며, 무엇보다도 이를 예방하는 방법을 알게 될 것입니다. 메시지를 안전하게 보호하고, 민감한 문서를 지키며, 흔한 함정을 피하고, 모바일 프라이버시에 대한 통제권을 되찾는 방법을 배우게 됩니다.

당신이 부모이든, 여행자이든, 기업가이든, 프리랜서든, 학생이든, 혹은 이동이 많은 삶을 사는 사람이든 상관없이, 이 책은 어떤 환경에서도 당신의 디지털 세계를 안전하게 지킬 수 있는 자신감과 실질적인 지식을 제공할 것입니다.

이제 1장, "모바일 사이버 범죄의 실제 위험"—그리고 왜 스마트폰 보안이 현관문을 잠그는 것만큼 중요한지에 대해 알아보며 시작해 보겠습니다.

제1장: 모바일 사이버 범죄의 실제 위험

대부분의 사람들은 자신의 삶 전체를 주머니 속에 담아 다니지만, 그에 따르는 위험을 제대로 이해하는 경우는 드뭅니다. 스마트폰은 인간의 두뇌의 연장선이 되었습니다. 비밀번호, 개인 사진, 대화 내용, 금융 앱, 건강 데이터, 위치 기록, 심지어 지문이나 얼굴 인식과 같은 생체 정보까지 저장하고 있습니다. 그렇기 때문에 모바일 기기는 사이버 범죄자, 신원 도용범, 디지털 스파이들에게 가장 매력적인 표적이 됩니다. 그러나 위협은 단순히 어두운 방에서 코드를 작성하는 해커들만의 문제가 아닙니다. 더 심각한 위험은 종종 합법적이고 보이지 않으며, 우리가 매일 사용하는 앱 속에 이미 내장되어 있는 경우가 많습니다.

먼저 한 가지 기본적인 사실부터 시작해 봅시다. 당신의 휴대폰은 항상 데이터를 송출하고 있습니다. GPS 위치, 블루투스 신호, Wi-Fi 요청, 모바일 광고 ID 등 기기는 끊임없이 네트워크, 기지국, 주변 장치들과 통신합니다. 이 데이터 흐름은 앱 개발자, 광고업체, 또는 악의적인 행위자에 의해 수집되고 저장되며 분석되고 판매될 수 있습니다. 많은 사람들이 "무료" 손전등 앱이나 날씨 앱조차도 연락처, 마이크 입력, 사용 습관을 몰래 수집하는 스파이웨어를 포함할 수 있다는 사실을 알지 못합니다.

가장 흔하면서도 과소평가된 위험 중 하나는 '권한 확장(permission creep)'입니다. 이는 앱이 처음에는 위치나 사진과 같은 기본 기능에 대한 접근을 요청하다가 시간이 지나면서 점점 더 침해적인 권한을 요구하고 축적하는 상황을 말합니다. 예를 들어 간단한 메모 앱이 갑자기 마이크, 캘린더, 카메라 접근 권한을 요구할 수 있습니다. 대부분의 사용자는 그 의미를 제대로 이해하지 못한 채 "허용"을 누릅니다. 이러한 권한은 대화를 도청하거나 사진을 촬영하고, 백그라운드에서 민감한 파일에 접근하는 데 악용될 수 있습니다.

또 다른 위협은 가짜 앱입니다. 이는 정상적인 앱처럼 보이도록 위장한 악성 소프트웨어입니다. 특히 서드파티 앱 스토어나 안드로이드 사용이 많은 국가에서 흔히 발생합니다. 예를 들어 가짜 은행 앱은 실제 은행 앱과 거의 동일하게 보일 수 있지만, 로그인 정보를 도용하는 것이 목적입니다. 설치 후에는 몰래 작동하면서 2단계 인증 코드를 가로채고, 메시지를 읽고, 개인 데이터를 공격자의 서버로 전송할 수 있습니다.

공용 Wi-Fi 역시 큰 위험 요소입니다. '중간자 공격(Man-in-the-Middle Attack)'은 해커가 공공장소에서 "Free_Wifi"나 "Starbucks_Guest" 같은 이름의 가짜 네트워크를 만들어 사용자를 유도하는 방식입니다. 연결되는 순간, 로그인 정보, 신용카드 번호, 이메일 등 사용자가 전송하는 모든 데이터를 가로챌 수 있습니다. 심지어 VPN이 제대로 암호화되지 않은 경우 그 트래픽까지 노출될 수 있습니다. 이동 중 모바일 뱅킹이나 쇼핑을 하는 사람들에게 특히 위험합니다.

블루투스 또한 공격 대상이 될 수 있습니다. BlueBorne이나 BlueSnarfing 같은 공격은 사용자의 상호작용 없이도 블루투스를 통해 파일이나 연락처를 탈취하거나 기기를 장악할 수 있습니다. 공항, 콘서트, 컨퍼런스 같은 사람이 많은 장소에서 블루투스를 켜두는 것은 위험을 크게 증가시킵니다.

모바일 기기는 사회공학 공격의 통로이기도 합니다. SMS 피싱(스미싱)이나 메시지 앱을 통한 공격은 매우 정교하여 실제 메시지와 구별하기 어렵습니다. 가짜 배송 알림이나 은행 메시지의 링크를 클릭하면 악성코드가 설치되거나 로그인 정보를 탈취하는 사이트로 연결될 수 있습니다. 작은 화면과 빠른 사용 습관 때문에 모바일 사용자는 더 쉽게 속기 쉽습니다.

또한 모바일 운영체제 역시 완벽하지 않습니다. iOS와 안드로이드는 샌드박싱, 암호화, 정기 업데이트를 제공하지만, 탈옥(jailbreak), 오래된 소프트웨어, 또는 아직 패치되지 않은 취약점을 통해 보안이 무너질 수 있습니다. 일단 침해되면 기기는 감시 도구로 변해 키 입력, 비밀번호, 모든 활동이 몰래 전송될 수 있습니다.

결론적으로 모바일 기기는 방대한 데이터를 담고 있는 '보물창고'와 같습니다. 이는 해커뿐만 아니라 데이터를 원하는 기업들에게도 높은 가치를 지닙니다. 이러한 위협은 실제로 존재하며, 끊임없이 진화하고 있습니다. 그러나 그렇다고 해서 무력한 것은 아닙니다. 다음 장들에서는 앱 권한 관리, 암호화,

안전한 메시징 앱, 모바일 VPN, 실시간 위협 탐지 등 자신을 보호할 수 있는 구체적인 방법을 다루게 됩니다.

지금은 이것만 기억하십시오. 지갑, 여권, 일기를 공공장소에 아무렇게나 두지 않듯이, 디지털에서도 같은 실수를 해서는 안 됩니다. 당신의 스마트폰은 그 모든 것을 담고 있으며, 그 이상입니다.

카를로스의 이야기

카를로스는 멕시코시티에서의 출장 후 뉴욕에 도착했습니다. JFK 공항을 걸어 나오며 그는 이메일을 확인하고, 우버를 호출하고, 아내에게 도착 소식을 전했습니다. 평범한 월요일처럼 보였지만, 곧 상황은 달라졌습니다.

우버에 탑승했을 때 그는 은행 앱이 갑자기 로그아웃된 것을 발견했습니다. 단순한 오류라고 생각했지만, 다시 로그인하려 했을 때 비밀번호가 틀렸다는 메시지가 반복되었습니다. 이어서 이메일 계정도 비밀번호가 변경되었다는 알림이 나타났습니다. 불안감이 밀려왔습니다.

그의 휴대폰은 계속해서 알림으로 울렸습니다. 시카고에서 발생한 카드 결제, 다른 기기에서 접속된 Apple ID, Dropbox 로그인 시도 등 그의 디지털 세계가 무너지고 있었습니다.

며칠 전, 멕시코시티의 한 카페에서 무료 Wi-Fi에 연결했던 것이 문제였습니다. 그는 그 네트워크를 통해 중요한 문서를 업로드하고 계정에 로그인했습니다. 하지만 그 네트워크는 해커가 만든 가짜였습니다.

해커는 네트워크 트래픽을 가로채 로그인 정보와 데이터를 수집했고, 이후 가짜 시스템 업데이트를 통해 악성코드를 설치했습니다. 그 순간부터 카를로스의 모든 활동은 감시당하게 되었습니다.

집으로 돌아온 후 그는 비밀번호를 변경하고 계정을 보호하려 했지만 이미 피해는 발생한 상태였습니다. 개인 정보는 유출되었고 신뢰는 무너졌습니다.

전문가와 상담한 후 그는 공용 **Wi-Fi** 사용, 앱 권한 관리, 블루투스 설정, 피싱 메시지 인식 등 자신의 실수를 깨달았습니다. 이후 그는 보안을 강화하고 가족에게도 이를 교육하기 시작했습니다.

카를로스의 이야기는 특별한 사례가 아닙니다. 매일 수많은 사람들이 같은 실수를 반복합니다. 생각 없이 클릭하고, 확인 없이 연결하며, 검증 없이 설치합니다. 그리고 문제가 발생했을 때는 이미 늦은 경우가 많습니다.

이 책이 존재하는 이유가 바로 여기에 있습니다. 우리가 얼마나 노출되어 있는지 이해하고, 올바른 습관과 도구를 통해 다시 통제권을 되찾도록 돕기 위함입니다.

제2장: 앱 권한의 이해와 그것이 어떻게 악용되는지

새로운 앱을 설치할 때마다 우리는 권한을 요청받습니다. 어떤 것은 분명합니다. 내비게이션 앱은 위치 접근이 필요하고, 카메라 앱은 카메라 사용 권한이 필요합니다. 하지만 손전등 앱이 마이크 접근을 요청하거나 사진 편집 앱이 연락처 목록을 요구한다면 어떻게 될까요? 사실 앱 권한은 모바일 보안에서 가장 간과되면서도 가장 많이 악용되는 요소 중 하나입니다.

권한은 앱과 스마트폰의 내부 기능을 연결하는 다리입니다. 여기에는 위치, 마이크, 카메라, 캘린더, 메시지, 사진, 통화 기록, 생체 정보, 저장소, 심지어 화면 활동까지 포함됩니다. 각 권한은 잘못 사용될 경우 감시나 데이터 도난의 통로가 될 수 있습니다. 문제는 대부분의 사람들이 아무 생각 없이 "허용"을 누르거나, 더 나쁘게는 "항상 허용"으로 설정해 버린다는 것입니다.

이러한 권한이 어떻게 악용되는지 살펴보겠습니다. 겉보기에는 무해한 앱이 위치 접근을 요청한 뒤 사용자의 이동 데이터를 광고업체나 데이터 브로커에게 판매할 수 있습니다. 또 다른 앱은 클립보드 기록을 수집할 수 있는데, 이는 복사한 비밀번호나 신용카드 정보까지 포함될 수 있습니다. 일부 앱은 인증을 이유로 SMS 접근 권한을 요청하지만, 실제로는 2단계 인증 코드를 가로채거나 연락처에 스팸을 보내는 데 사용할 수 있습니다.

마이크와 카메라 권한도 매우 민감합니다. 두 가지 모두 접근 가능한 앱은 사용자의 모르게 녹음하거나 사진을 촬영할 수 있습니다. 모바일 운영체제는 이러한 권한을 명시적으로 요청하도록 요구하지만, 일부 악성 앱은 특히 오래된 기기나 탈옥된 기기에서 취약점을 악용합니다. 심지어 일부 정상 앱도 "분석"이라는 명목으로 백그라운드에서 사용자 행동을 기록한 사례가 있습니다.

권한은 시간이 지나면서 변경될 수도 있습니다. 앱을 설치할 때 제한된 권한만 허용했더라도, 업데이트를 통해 추가 권한을 요청할 수 있습니다. 자동 업데이트가 활성화되어 있다면 사용자는 이러한 변화를 인지하지 못할 수 있습니다. 이것이 바로 '권한 확장(permission creep)'이며 매우 흔한 현상입니다.

그렇다면 어떻게 통제권을 되찾을 수 있을까요? 먼저 모든 앱의 권한을 직접 검토해야 합니다. 안드로이드에서는 설정 > 개인정보 보호 > 권한 관리자에서 확인할 수 있으며, iOS에서는 설정 > 개인정보 보호 및 보안에서 각 항목별 접근 권한을 확인할 수 있습니다. 앱의 기능과 맞지 않는 권한은 반드시 제거해야 합니다.

또한 권한 모니터링 도구를 사용하는 것도 도움이 됩니다. 안드로이드의 Bouncer와 같은 앱은 임시 권한을 부여하고 사용

후 자동으로 제거할 수 있게 해줍니다. Jumbo나 DuckDuckGo App Tracking Protection과 같은 도구는 제3자 추적을 차단하고 데이터 사용 현황을 보여줍니다.

앱 설치 방식도 중요합니다. Google Play나 Apple App Store와 같은 공식 스토어를 사용하고, 신뢰할 수 없는 APK 파일은 피해야 합니다. 설치 전에 개발자 정보, 리뷰, 다운로드 수, 업데이트 기록을 반드시 확인해야 합니다. 리뷰가 적거나 복제된 앱은 악성코드일 가능성이 높습니다.

정상 앱이라 하더라도 권한이 적은 대안을 선택하는 것이 좋습니다. 예를 들어 계산기 앱은 인터넷 접근 권한이 필요하지 않습니다. 메시징 앱 중 Signal은 종단 간 암호화를 제공하며, 사용자가 허용하지 않는 한 연락처 접근을 요구하지 않습니다. 인기 있는 앱이라고 해서 반드시 안전하거나 개인정보를 존중하는 것은 아닙니다.

또한 모바일 운영체제의 기능을 활용해 백그라운드 접근을 제한할 수 있습니다. iOS와 안드로이드는 앱의 백그라운드 실행이나 위치 추적을 제한하는 옵션을 제공합니다. 이를 통해 앱이 지속적으로 위치를 추적하거나 데이터를 전송하는 것을 막을 수 있습니다.

결국 가장 강력한 방어는 인식과 습관입니다. 매달 한 번씩 스마트폰을 점검하고, 사용하지 않는 앱을 삭제하며, 이상한 권한 요청을 확인하고, 운영체제와 앱을 최신 상태로 유지해야 합니다. 앱이 할 수 있는 일을 제한할수록 제3자가 당신의 삶을 통제할 수 있는 범위도 줄어듭니다.

앱 권한을 이해하는 것은 단순한 설정 변경이 아닙니다. 그것은 데이터, 신원, 그리고 마음의 평화를 지키는 일입니다. 모바일 기술의 편리함이 보이지 않는 감시의 대가가 되어서는 안 됩니다.

아바의 이야기

아바는 사진 촬영을 좋아하는 20대 초반의 콘텐츠 크리에이터였습니다. 애리조나 여행 중 'ProFilter+'라는 무료 사진 편집 앱을 발견하고 아무 생각 없이 모든 권한을 허용했습니다.

며칠 후, 배터리가 빨리 닳고 휴대폰이 과열되는 이상한 현상이 나타났습니다. 설정을 확인한 결과, 해당 앱이 마이크, 카메라, 위치, 연락처 등 과도한 권한을 가지고 있다는 사실을 알게 되었습니다.

더 심각한 문제는 친구에게 스팸 메시지가 전송된 것이었습니다. 앱이 연락처에 접근해 데이터를 악용한 것이었습니다.

사이버 보안 전문가인 친구의 도움으로 분석한 결과, 이 앱은 백그라운드에서 지속적으로 데이터를 전송하고 있었습니다. 삭제했지만 이미 데이터는 수집된 상태였습니다.

이 경험 이후 아바는 앱 설치 전에 반드시 권한을 확인하고, 필요 없는 권한은 제거하며, 정기적으로 점검하는 습관을 들였습니다.

아바의 이야기는 많은 사람들이 얼마나 쉽게 개인정보를 넘겨주고 있는지를 보여줍니다. 단 한 번의 "허용" 클릭이 큰 대가를 치르게 할 수 있다는 사실을 잊지 말아야 합니다.

제3장: 공용 Wi-Fi, 블루투스, 위치 추적의 위험

항상 연결된 세상에서 모바일의 편리함은 대가를 동반합니다. 공용 Wi-Fi 네트워크, 블루투스 신호, 위치 추적 서비스는 모두 삶을 더 편리하게 만들기 위해 설계되었지만, 동시에 사용자가 인지하지 못하는 사이에 악용될 수 있는 주요 취약점을 만들어냅니다. 핵심은 이러한 기술이 어떻게 작동하고, 공격자나 광고업체, 심지어 우리가 신뢰하는 앱들에 의해 어떻게 조작될 수 있는지를 이해하는 데 있습니다.

먼저 공용 Wi-Fi부터 살펴보겠습니다. 이는 가장 흔하면서도 위험한 모바일 보안 위협 중 하나입니다. 카페, 공항, 호텔, 쇼핑몰 등에서 제공되는 무료 Wi-Fi는 편리하지만, "무료"에는 숨겨진 비용이 따릅니다. 이러한 네트워크는 종종 암호화가 되어 있지 않아 사용자가 주고받는 데이터가 보호되지 않습니다. 이메일, 비밀번호, 신용카드 정보 등은 패킷 스니핑 도구를 통해 쉽게 가로채질 수 있습니다. 더 심각한 경우, 해커가 "Free_WiFi"나 "Starbucks_Guest" 같은 이름의 가짜 네트워크를 만들어 사용자를 유도할 수 있습니다. 연결되는 순간 중간자 공격이 실행되어 데이터 탈취, 악성코드 삽입, 신뢰할 수 있는 사이트 위장 등의 위험이 발생합니다.

HTTPS로 암호화된 연결조차 완전히 안전하지 않을 수 있습니다. 공격자가 가짜 인증서를 설치하도록 유도하거나 브라우저 취약점을 이용하면 보호가 무력화될 수 있습니다.

공용 Wi-Fi에서 모바일 뱅킹, 파일 업로드, 클라우드 로그인 등을 수행하는 것은 큰 위험을 초래할 수 있습니다.

두 번째 주요 위험 요소는 블루투스입니다. 대부분의 사람들은 이어폰, 차량, 스마트워치와의 연결 편의를 위해 블루투스를 항상 켜 둡니다. 그러나 블루투스는 지속적으로 신호를 송출하며 주변 기기에 탐지될 수 있습니다. BlueBorne과 같은 취약점은 사용자의 승인 없이도 기기에 접근하거나 제어할 수 있음을 보여주었습니다. BlueSnarfing 공격은 파일 탈취나 기기 접근을 가능하게 합니다.

사용하지 않을 때 블루투스를 끄는 것은 매우 기본적이지만 강력한 보안 방법입니다. 특히 공항, 대중교통, 행사장과 같은 공공장소에서는 반드시 비활성화하는 것이 좋습니다. 이는 보안뿐 아니라 배터리 절약에도 도움이 됩니다.

세 번째로 중요한 위험 요소는 위치 추적입니다. 스마트폰은 GPS, Wi-Fi 삼각 측량, 기지국 신호를 결합해 매우 정확한 위치를 파악합니다. 이는 지도, 날씨, 차량 호출 등 유용한 기능을 제공하지만 동시에 개인정보 위험 요소가 됩니다.

위치 데이터를 수집하는 앱은 이를 광고업체나 데이터 브로커와 공유하거나 판매하는 경우가 많습니다. 일부 앱은 사용하지 않을 때에도 위치를 계속 추적하고 저장합니다. 이 데이터는 사용자의 생활 패턴—근무지, 거주지, 이동 경로—를 상세히 분석하는 데 사용될 수 있습니다. 심지어 해킹되거나 유출될 위험도 존재합니다.

통제권을 되찾기 위해서는 먼저 위치 권한을 점검해야 합니다. 꼭 필요한 경우를 제외하고 "앱 사용 중에만 허용"으로 설정하고, 필요 없다면 정밀 위치 기능을 끄는 것이 좋습니다. 또한 백그라운드 앱 새로 고침을 제한하고, 아이폰에서는 "중요 위치", 안드로이드에서는 "Google 위치 기록"을 비활성화해야 합니다.

또한 모바일 VPN 사용도 중요한 방어 수단입니다. VPN은 인터넷 연결을 암호화하여 공용 Wi-Fi 사용 시 데이터를 보호하고, IP 주소를 숨기며, 안전한 통신 경로를 제공합니다. 신뢰할 수 있는 유료 VPN을 선택하는 것이 중요하며, 무료 VPN은 데이터 판매 등의 위험이 있을 수 있습니다.

자동 Wi-Fi 연결 기능도 꺼두는 것이 좋습니다. 이 기능은 과거에 연결했던 네트워크에 자동으로 접속하게 하며, 악성 네트워크에 다시 연결될 위험을 높입니다.

결론적으로 스마트폰의 무선 연결 기능은 양날의 검입니다. 편리함과 기능성을 제공하는 동시에 실시간 위협에 노출될 수 있습니다. Wi-Fi, 블루투스, 위치 서비스를 의도적으로 관리하면 디지털 흔적을 줄이고 데이터 노출 위험을 크게 낮출 수 있습니다.

목표는 이러한 기능을 두려워하는 것이 아니라, 현명하게 사용하는 것입니다. 다음 장에서는 스마트폰을 최대한 안전하게 설정하는 방법을 다루게 됩니다.

조던의 이야기

조던은 세계를 여행하며 일하는 디지털 노마드 디자이너였습니다. 그의 스마트폰에는 계약서, 금융 앱, 비밀번호, 고객과의 소통 수단 등 모든 것이 담겨 있었습니다. 하지만 그는 편리함을 우선시하며 보안을 소홀히 했습니다.

태국 치앙마이의 한 카페에서 그는 무료 Wi-Fi에 연결해 작업과 은행 업무를 처리했습니다. 그러나 그날 밤, 싱가포르에서 발생한 수천 달러의 거래 알림이 도착했습니다. 계정은 이미 해킹된 상태였습니다.

조사 결과, 그는 가짜 Wi-Fi 네트워크에 연결되어 중간자 공격을 당했고, 블루투스를 통해 데이터가 탈취되었으며, 위치 추적 기능으로 그의 이동 기록까지 수집되고 있었습니다.

전문가의 도움으로 그는 권한을 재설정하고, 블루투스를 비활성화하며, 저장된 Wi-Fi를 삭제하고, VPN을 설치하는 등 보안을 강화했습니다.

이후 조던은 공용 Wi-Fi 사용 시 항상 VPN을 사용하고, 블루투스를 필요할 때만 켜며, 앱 권한을 철저히 관리하는 습관을 들였습니다.

그는 이제 다른 사람들에게도 경고합니다. 연결성은 자유를 주지만, 주의 없이 사용하면 그 대가는 매우 클 수 있다는 것을.

제4장: 스마트폰 보안 강화 — 설정, 도구 및 모범 사례

스마트폰 보안을 강화하는 첫걸음은 사고방식의 변화에서 시작됩니다. 스마트폰은 단순한 기기가 아니라 당신의 신원, 지갑, 그리고 사생활이 모두 담긴 존재입니다. 우리가 하는 모든 터치, 다운로드, 스와이프는 생산성을 높일 수도 있지만 동시에 악용될 수 있는 기회를 열어줍니다. 다행히도 현대의 스마트폰은 강력한 보안 기능을 기본적으로 제공하고 있으며, 이를 제대로 활용하는 것이 중요합니다. 이 장에서는 설정, 무료 도구, 그리고 검증된 습관을 통해 스마트폰을 안전하게 보호하는 방법을 단계별로 설명합니다.

먼저 잠금 화면부터 시작해야 합니다. 이는 가장 기본적이면서도 중요한 방어선입니다. 단순한 4자리 PIN 대신 6자리 이상의 PIN 또는 영문과 숫자가 혼합된 비밀번호를 사용하는 것이 좋습니다. 얼굴 인식이나 지문 인증은 편리하지만 반드시 강력한 비밀번호와 함께 사용해야 합니다. 또한 이메일, 메시지, 은행 앱과 같은 민감한 알림은 잠금 화면에서 미리 보기가 되지 않도록 설정해야 합니다.

다음으로 자동 보안 업데이트를 활성화해야 합니다. 안드로이드와 iOS는 정기적으로 보안 패치를 제공합니다. 자동 업데이트를 설정하면 최신 보안 상태를 유지할 수 있습니다. 업데이트되지 않은 기기는 가장 취약한 상태가 됩니다.

앱 권한 점검도 매우 중요합니다. 매달 한 번씩 카메라, 마이크, 연락처, 위치 등에 접근할 수 있는 앱을 확인해야 합니다. 앱 기능과 맞지 않는 권한은 제거하거나 “앱 사용 중에만 허용”으로 변경하는 것이 좋습니다. 이를 통해 불필요한 데이터 접근을 차단할 수 있습니다.

데이터 보호를 위해 저장소 암호화도 활성화해야 합니다. 아이폰은 기본적으로 암호화가 되어 있으며, 안드로이드는 설정에서 전체 디스크 암호화를 활성화할 수 있습니다. 이는 기기가 도난당했을 때 데이터를 보호하는 데 매우 중요합니다.

정기적인 백업도 필수입니다. 암호화된 클라우드 백업이나 로컬 백업을 활용하면 데이터 손실 시 복구할 수 있습니다. 권한을 과도하게 요구하는 백업 앱은 피해야 합니다.

메시지 보안도 중요한 부분입니다. 기본 SMS 대신 종단 간 암호화를 제공하는 Signal, WhatsApp, Telegram(비밀 채팅 사용)을 활용하는 것이 좋습니다. 특히 Signal은 개인정보 보호 측면에서 가장 강력한 옵션 중 하나입니다.

공용 Wi-Fi 사용이 잦다면 VPN 설치는 필수입니다. ProtonVPN, NordVPN, ExpressVPN과 같은 신뢰할 수 있는 서비스를 선택해야 하며, 무료 VPN은 데이터 판매 등의 위험이 있을 수 있습니다. VPN은 인터넷 트래픽을 암호화하여 해커나 인터넷 제공업체로부터 보호해 줍니다.

추가적으로 광고 추적을 비활성화하고, 광고 ID를 주기적으로 초기화하는 것이 좋습니다. 또한 AirDrop, NFC, Nearby Share 같은 기능은 사용하지 않을 때 꺼두는 것이 안전합니다. 블루투스와 Wi-Fi 역시 필요할 때만 활성화하는 것이 좋습니다.

마지막으로 "내 기기 찾기" 기능을 활성화해야 합니다. Find My iPhone 또는 안드로이드의 Find My Device 기능을 통해 기기를 분실했을 때 위치 추적, 잠금, 데이터 삭제가 가능합니다.

이러한 설정과 습관은 약 30분이면 적용할 수 있지만, 수년간의 보안 위협과 데이터 유출을 예방할 수 있습니다. 스마트폰은 더 빠르고 안전해지며, 사용자는 더 이상 쉬운 공격 대상이 되지 않습니다.

라일리의 이야기

라일리는 자신의 아이폰이 안전하다고 믿고 있었습니다. 그러나 한 사이버 보안 세미나에서 몇 가지 간단한 설정만으로도 기기가 쉽게 해킹될 수 있다는 사실을 알게 되었습니다.

그날 밤 그녀는 스마트폰을 점검하기 시작했습니다. 약한 비밀번호를 강력한 패스프레이즈로 변경하고, 불필요한 앱 권한을 제거했으며, 사용하지 않는 앱이 여전히 위치와 마이크에 접근하고 있다는 사실에 충격을 받았습니다.

또한 SMS 대신 Signal을 사용하기 시작했고, 저장된 Wi-Fi 네트워크를 삭제하고 자동 연결 기능을 비활성화했습니다.

VPN을 설치하고 블루투스를 필요할 때만 사용하도록 변경했습니다.

위치 추적 기능을 확인한 결과, 그녀의 이동 기록이 상세하게 저장되고 있다는 사실도 발견했습니다. 이를 비활성화한 후, 백업과 보안 기능을 모두 설정했습니다.

이후 그녀의 스마트폰은 더 안전하고 빠르게 느껴졌으며, 무엇보다도 통제감을 되찾았습니다.

라일리는 이제 매달 한 번씩 스마트폰 보안을 점검하는 습관을 가지게 되었고, 주변 사람들에게도 이를 공유하고 있습니다.

스마트폰 보안은 기술의 문제가 아니라 습관과 인식의 문제입니다. 작은 설정 하나가 당신의 디지털 삶 전체를 지킬 수 있습니다.

제5장: 개인 파일, 사진 및 클라우드 데이터 보호

스마트폰은 단순한 통신 도구를 넘어 개인 금고와도 같은 존재입니다. 수천 장의 사진, 개인 문서, 스캔된 신분증, 계약서, 금융 기록, 그리고 민감한 메모까지 저장되어 있습니다. 이러한 편리함은 동시에 높은 위험을 의미합니다. 파일, 사진, 클라우드 계정이 침해되면 신원 도용, 협박, 금전적 손실, 심리적 스트레스까지 이어질 수 있습니다.

개인 데이터를 보호하기 위한 첫 단계는 데이터가 어떻게 저장되고 공유되는지 이해하는 것입니다. 대부분의 사용자는 iCloud, Google Drive, OneDrive, Dropbox와 같은 클라우드 서비스를 활용합니다. 이러한 서비스는 효율적이지만 공격이나 데이터 유출로부터 완전히 안전하지는 않습니다. 특히 동일한 비밀번호를 재사용하거나 2단계 인증을 사용하지 않는 경우, 계정 하나가 침해되면 전체 디지털 자산이 노출될 수 있습니다.

가장 먼저 해야 할 일은 강력하고 고유한 비밀번호를 설정하고 2단계 인증(2FA)을 활성화하는 것입니다. SMS 기반 인증은 SIM 스와핑 공격에 취약하므로, Authy나 Google Authenticator와 같은 인증 앱을 사용하는 것이 더 안전합니다. 추가적으로 YubiKey와 같은 하드웨어 보안 키를 사용하면 보안을 더욱 강화할 수 있습니다.

다음으로 클라우드 파일의 공유 권한을 점검해야 합니다. 과거에 공유했던 문서가 여전히 공개 링크로 접근 가능할 수 있습니다. “링크가 있는 누구나 보기 가능” 설정은 반드시 필요한 경우에만 사용하고, 더 이상 필요 없는 공유는 즉시 해제해야 합니다.

민감한 파일은 클라우드에 업로드하기 전에 암호화하는 것이 중요합니다. Cryptomator, VeraCrypt, 7-Zip과 같은 도구를 사용하면 파일을 암호화할 수 있으며, 계정이 침해되더라도 파일 내용을 보호할 수 있습니다.

스마트폰 내에서는 보안 파일 보관 앱을 사용하는 것이 좋습니다. Keepsafe, Folder Lock, Proton Drive와 같은 앱은 비밀번호 및 생체 인증으로 보호되는 저장 공간을 제공합니다. 일반 갤러리나 파일 탐색기에서 접근할 수 없도록 보호하는 것이 핵심입니다.

사진 보호도 중요합니다. Google Photos나 iCloud의 자동 동기화 기능을 사용할 경우, 어떤 폴더가 백업되는지 반드시 확인해야 합니다. 신분증, 영수증, 개인 문서 사진은 별도의 보안 저장소에 보관하는 것이 좋습니다.

스캐너 앱 사용 시에도 주의가 필요합니다. 많은 앱이 스캔한 문서를 자동으로 클라우드에 저장합니다. 로컬 저장을 지원하고 종단 간 암호화를 제공하는 앱을 선택해야 합니다.

또한 오프라인 백업을 반드시 유지해야 합니다. 암호화된 외장 하드 드라이브나 SD 카드에 데이터를 저장하면 랜섬웨어나 계정 침해 상황에서도 데이터를 복구할 수 있습니다.

앱 권한 관리 역시 중요합니다. 사진 편집 앱이나 소셜 미디어 앱이 전체 갤러리 접근 권한을 요구하는 경우, 반드시 필요 여부를 확인해야 합니다. 불필요한 접근은 제한해야 합니다.

추가적으로 Bitdefender, Avast, Lookout과 같은 모바일 보안 앱을 활용하면 데이터 유출 감지 및 원격 삭제 기능을 사용할 수 있습니다.

결국 핵심은 하나입니다. 당신에게 가치 있는 것은 다른 누군가에게도 가치가 있다는 것입니다. 사진, 문서, 스캔 파일을 지갑이나 여권처럼 취급해야 합니다. 암호화하고, 보호하고, 저장 위치를 명확히 관리하는 것이 중요합니다.

나타샤의 이야기

나타샤는 모든 업무를 스마트폰과 클라우드로 처리하는 변호사였습니다. 그러나 어느 날 Google Drive 계정에 해외 접속이 발생하면서 문제가 시작되었습니다.

그녀는 비밀번호를 변경했지만 이미 일부 파일이 다운로드된 상태였고, 해커는 이를 이용해 금전을 요구했습니다.

조사 결과, 동일한 비밀번호를 여러 계정에서 사용한 것이 원인이었으며, 2단계 인증이 설정되지 않은 상태였습니다.

이후 그녀는 모든 계정에 2단계 인증을 설정하고, 민감한 파일을 암호화하여 저장하기 시작했습니다. 또한 자동 동기화 기능을 제한하고, 보안이 강화된 스캐너 앱을 사용했습니다.

사진 갤러리에는 수천 장의 민감한 이미지가 저장되어 있었고, 이를 정리하고 보호된 저장소로 이동했습니다.

최종적으로 그녀는 암호화된 클라우드, 오프라인 백업, 그리고 강화된 보안 설정을 갖춘 시스템을 구축하게 되었습니다.

나타샤는 이후 다른 사람들에게 보안의 중요성을 알리는 강의를 시작했습니다.

그녀가 얻은 교훈은 명확했습니다. "중요한 데이터라면 반드시 보호해야 한다. 문제가 발생한 후가 아니라, 그 전에 대비해야 한다."

제6장: 모바일에서 안전한 메시징, 통화 및 영상 통화

문자 메시지, 음성 통화, 영상 통화는 스마트폰에서 가장 많이 사용되는 소통 방식입니다. 하지만 많은 사람들이 이러한 대화가 항상 안전하지 않다는 사실을 잘 알지 못합니다. 기본 메시징 앱의 보안 취약성, 암호화되지 않은 영상 플랫폼, 그리고 통신사의 데이터 기록까지—모바일 커뮤니케이션은 생각보다 훨씬 더 노출되어 있습니다. 감시와 데이터 수집이 일상화된 시대에서 대화를 보호하는 것은 선택이 아니라 필수입니다.

먼저 SMS 문자 메시지부터 살펴보겠습니다. SMS는 가장 보안이 취약한 통신 방식 중 하나입니다. 메시지는 암호화되지 않은 상태로 전송되며, 통신사, 법 집행 기관, 또는 신호를 가로채는 공격자에 의해 쉽게 열람될 수 있습니다. 일부 국가에서는 메시지 내용과 기록이 장기간 저장되기도 합니다. 따라서 민감한 정보 전달에는 SMS 사용을 피하는 것이 좋습니다.

대신 종단 간 암호화를 제공하는 메시징 앱을 사용하는 것이 중요합니다. 이러한 앱은 발신자와 수신자만 메시지를 읽을 수 있으며, 서비스 제공자조차 내용을 해독할 수 없습니다. 대표적인 앱으로는 Signal, WhatsApp, Telegram, Threema, Wire 등이 있습니다. 특히 Signal은 오픈소스이며 광고가 없고

메타데이터도 수집하지 않아 가장 높은 수준의 보안을 제공합니다.

음성 및 영상 통화 역시 기본 통화 앱 대신 암호화된 앱을 사용하는 것이 좋습니다. 일반 전화 통화는 통신망을 통해 암호화 없이 전달될 수 있으며, 취약점이 존재합니다. Signal, WhatsApp, 또는 FaceTime과 같은 앱은 종단 간 암호화를 제공하여 보다 안전한 통화를 가능하게 합니다.

또한 마이크와 카메라 접근 권한을 반드시 점검해야 합니다. 일부 앱은 사용하지 않을 때도 마이크나 카메라에 접근할 수 있습니다. iOS와 안드로이드는 현재 마이크나 카메라 사용 시 알림 표시를 제공합니다. 신뢰할 수 없는 앱에는 이러한 권한을 부여하지 않아야 합니다.

Zoom, Google Meet, Microsoft Teams와 같은 영상 회의 플랫폼도 주의가 필요합니다. 모든 플랫폼이 완전한 암호화를 제공하는 것은 아니며, 일부는 메타데이터를 기록합니다. 민감한 대화에는 보다 보안성이 높은 플랫폼을 사용하는 것이 좋습니다.

추가적으로 임시 전화번호나 익명 메시징 기능을 활용할 수도 있습니다. Burner나 Hushed와 같은 앱은 실제 번호를 노출하지 않고 통신할 수 있게 해줍니다.

메시징을 통한 사회공학 공격에도 주의해야 합니다. 공격자는 지인을 사칭하여 링크 클릭이나 정보 제공을 유도할 수 있습니다. 특히 금전 요청이나 긴급한 메시지는 반드시 직접 확인하는 습관이 필요합니다.

또한 모든 메시징 앱에 2단계 인증을 설정하고, 채팅 잠금, 자동 삭제 메시지 기능을 활용하면 보안을 강화할 수 있습니다.

마지막으로 메시지 백업 설정을 점검해야 합니다. WhatsApp과 같은 앱은 메시지를 클라우드에 백업하는데, 이 백업은 암호화되지 않을 수 있습니다. 필요하지 않다면 백업을 비활성화하거나 암호화 옵션을 사용하는 것이 좋습니다.

결론적으로 안전한 커뮤니케이션은 단순히 앱 선택만으로 이루어지지 않습니다. 암호화 도구, 권한 관리, 계정 보안, 그리고 올바른 사용 습관이 함께 필요합니다. 모든 메시지는 개인적인 대화일 수도 있고, 누군가에게는 기회가 될 수도 있습니다.

레나의 이야기

레나는 탐사 저널리스트로서 민감한 정보를 다루고 있었지만, 기본 SMS와 일반 통화 앱을 사용하고 있었습니다. 어느 날 그녀는 자신의 통신이 감시될 수 있다는 경고를 받았습니다.

이후 스마트폰 이상 징후를 발견한 그녀는 전문가의 도움을 받았고, 자신의 통신이 암호화되지 않았다는 사실을 알게 되었습니다.

그녀는 즉시 Signal을 설치하고 모든 통신을 암호화된 환경으로 전환했습니다. 또한 2단계 인증을 설정하고, 불필요한 마이크 권한을 제거했습니다.

클라우드 백업도 점검하여 암호화되지 않은 데이터 저장을 중단했고, 필요 시 임시 전화번호를 사용하기 시작했습니다.

결과적으로 그녀는 자신의 정보뿐 아니라 취재원까지 보호할 수 있게 되었고, 이후 모바일 보안의 중요성을 다른 기자들에게 교육하게 되었습니다.

이 이야기는 하나의 교훈을 남깁니다. 스마트폰에서의 대화는 안전할 수도 있고, 영구적으로 기록될 수도 있습니다. 그 선택은 사용자에게 달려 있습니다.

제7장: 모바일 앱 함정, 악성코드 및 스파이웨어 위협

모든 모바일 앱이 겉보기와 같은 것은 아닙니다. 일부 앱은 유용한 도구, 게임, 또는 엔터테인먼트 플랫폼처럼 보이지만, 실제로는 사용자 데이터를 수집하거나 추적 소프트웨어를 설치하거나 심지어 스파이웨어로 작동하기도 합니다. 오늘날 스마트폰은 개발자와 공격자 모두에게 '금광'과 같은 존재이며, 이러한 앱 기반 함정을 인식하지 못하는 사용자는 감시, 신원 도용, 더 심각한 피해에 노출될 수 있습니다.

먼저 악성 앱부터 살펴보겠습니다. 이러한 앱은 정상적인 앱처럼 보이지만 데이터를 탈취하거나 악성코드를 설치하거나 기기를 장악하기 위해 설계되어 있습니다. 주로 서드파티 앱 스토어나 APK 파일을 제공하는 사이트에서 발견되지만, 때로는 Google Play나 Apple App Store 같은 공식 스토어에도 침투하기도 합니다. 손전등, 배경화면, QR 코드 스캐너 같은 단순한 앱으로 위장하는 경우가 많습니다.

가장 위험한 유형 중 하나는 스파이웨어(또는 스토커웨어)입니다. 이 앱들은 사용자 몰래 위치, 문자 메시지, 통화 기록, 사진, 심지어 마이크와 카메라 활동까지 추적할 수 있습니다. 이러한 앱은 배우자, 고용주, 또는 제3자가 잠깐 기기에 접근했을 때 설치될 수 있으며, 백그라운드에서 숨겨진 상태로 작동합니다.

스파이웨어는 "시스템 서비스"나 "디바이스 헬퍼" 같은 이름으로 위장하여 탐지를 피하기도 합니다. 일부는 '부모 통제'나 '직원 모니터링' 도구로 판매되지만, 실제로는 악용되는 경우가 많습니다. 활성화되면 지속적으로 데이터를 외부 서버로 전송하며, 원격으로 마이크나 화면을 제어할 수도 있습니다.

이러한 위협으로부터 보호하려면 먼저 설치된 앱을 정기적으로 점검해야 합니다. 기억나지 않는 앱이나 과도한 권한을 요구하는 앱은 즉시 삭제해야 합니다. 또한 안드로이드에서는 "디바이스 관리자 권한"을 확인하여 의심스러운 앱이 시스템 권한을 가지고 있는지 점검해야 합니다.

Bitdefender, Malwarebytes, Norton, Avast와 같은 신뢰할 수 있는 보안 앱을 설치하는 것도 좋은 방법입니다. 이러한 도구는 숨겨진 스파이웨어나 악성 코드를 탐지하고, 비정상적인 활동을 모니터링할 수 있습니다.

앱은 반드시 신뢰할 수 있는 출처에서만 다운로드해야 합니다. 이메일, 문자, 팝업 광고에 포함된 링크를 통한 설치는 피해야 합니다. 설치 전에는 개발자 정보, 리뷰, 다운로드 수를 반드시 확인하고, 과도하게 높은 평점이나 반복적인 리뷰 패턴도 의심해야 합니다.

특히 무료 앱이 연락처, 저장소, 통화 기록 등에 접근을 요구할 경우 주의해야 합니다. 많은 앱이 사용자 데이터를 광고업체나 데이터 브로커에 판매하여 수익을 얻습니다. 손전등 앱이 마이크와 카메라 접근을 요구한다면 이는 명백한 위험 신호입니다.

또한 알 수 없는 앱 설치 허용 설정을 비활성화해야 합니다. 안드로이드에서는 "알 수 없는 앱 설치 허용" 기능을 끄는 것이 중요하며, 아이폰에서도 기업용 앱 설치는 신중하게 접근해야 합니다.

기기의 이상 행동도 중요한 경고 신호입니다. 배터리 급속 소모, 과열, 데이터 사용량 증가, 화면 이상 작동 등은 악성 앱의 징후일 수 있습니다.

기기가 감염되었다고 의심되면, 데이터를 안전하게 백업한 후 공장 초기화를 진행하고 앱을 하나씩 재설치하는 것이 가장 안전한 방법입니다. 이때 클라우드 백업에 악성코드가 포함될 수 있으므로 주의해야 합니다.

마지막으로 주변 사람들을 교육하는 것도 중요합니다. 특히 어린이, 노인, 가족 구성원은 앱 권한을 확인하지 않고 설치하는 경우가 많기 때문에 기본적인 보안 설정을 도와주는 것이 필요합니다.

결국 핵심은 경계심입니다. 수많은 앱이 존재하는 환경에서 모든 앱을 피하는 것이 아니라, 신중하게 선택하고 지속적으로 점검하는 것이 중요합니다.

타샤의 이야기

타샤는 학교 교사로 일하며 생산성 앱을 통해 업무를 관리하고 있었습니다. 어느 날 무료 일정 관리 앱을 설치한 후 이상한 현상이 발생하기 시작했습니다.

배터리 소모 증가, 이상한 알림, 의심스러운 광고 등이 나타났고, 결국 해당 앱이 스파이웨어라는 사실이 밝혀졌습니다.

이 앱은 그녀의 연락처, 마이크, 위치, 클립보드 데이터를 수집하고 있었으며, 관리자 권한까지 가지고 있었습니다.

결국 그녀는 공장 초기화를 진행하고 보안 앱을 설치했으며, 앱 권한 점검과 보안 습관을 배우게 되었습니다.

이후 타샤는 앱 선택에 더욱 신중해졌고, 불필요한 앱을 삭제하며 주변 사람들에게도 보안의 중요성을 알리기 시작했습니다.

그녀의 경험은 중요한 교훈을 남깁니다. 가장 위험한 위협은 유용한 도구처럼 보이는 형태로 다가온다는 것입니다.

제8장: 스마트폰을 분실, 도난당했거나 압수되었을 때 대처 방법

스마트폰을 잃어버리는 것은 단순한 불편함이 아니라 심각한 디지털 위기가 될 수 있습니다. 기기를 분실하거나 도난당하거나 압수당할 경우, 연락처, 금융 앱, 사진, 메시지, 소셜 미디어 계정, 문서, 저장된 비밀번호 등 개인 정보가 몇 분 만에 노출될 수 있습니다. 하지만 사전 준비와 빠른 대응, 올바른 설정을 통해 피해를 최소화하거나 예방할 수 있습니다.

먼저, 사고가 발생하기 전에 대비하는 것이 가장 중요합니다. 아이폰 사용자는 설정에서 “나의 iPhone 찾기” 기능과 “마지막 위치 전송”을 활성화해야 하며, 안드로이드 사용자는 “내 기기 찾기” 기능을 활성화해야 합니다. 이러한 기능을 통해 기기의 위치를 추적하고, 원격으로 잠그거나 데이터를 삭제할 수 있습니다.

잠금 화면 보안도 반드시 강화해야 합니다. 단순한 4자리 비밀번호 대신 복잡한 비밀번호를 설정하고, 메시지나 이메일과 같은 민감한 알림이 잠금 화면에 표시되지 않도록 해야 합니다. 또한 잠금 상태에서 지갑, 스마트홈 제어, 메시지 답장 기능 접근을 제한하는 것이 좋습니다.

기기 암호화 역시 필수입니다. iOS는 비밀번호 설정 시 자동으로 암호화가 활성화되며, 안드로이드에서도 설정을 통해 암호화를 확인할 수 있습니다. 또한 여러 번 비밀번호 입력 실패 시 데이터를 자동 삭제하도록 설정할 수 있습니다.

스마트폰을 분실하거나 도난당했을 경우에는 즉시 행동해야 합니다. 다른 기기에서 위치 추적 기능을 사용해 기기를 찾고, “분실 모드” 또는 “기기 잠금”을 활성화해야 합니다. 기기를 회수할 가능성이 낮다면 원격으로 데이터를 삭제하는 것이 필요합니다.

이와 동시에 이메일, 은행, 소셜 미디어 계정 등 주요 계정의 비밀번호를 변경해야 합니다. 특히 이메일 계정은 다른 계정 복구의 핵심이기 때문에 가장 먼저 보호해야 합니다. 또한 통신사에 연락하여 SIM 카드를 비활성화하고, 필요 시 경찰에 신고하여 IMEI 번호를 제공해야 합니다.

특정 상황에서는 기기가 압수될 가능성도 고려해야 합니다. 이 경우 생체 인증 대신 강력한 비밀번호를 사용하는 것이 중요합니다. 일부 국가에서는 지문이나 얼굴 인식은 강제로 해제될 수 있기 때문입니다. 또한 민감한 데이터는 클라우드 동기화를 일시적으로 비활성화하고, 필요 시 별도의 보안 기기를 사용하는 것도 좋은 방법입니다.

기기를 되찾은 후에는 반드시 보안 점검을 수행해야 합니다. 설정 변경 여부를 확인하고, 계정 로그인 기록을 검토하며, 모든 비밀번호를 다시 변경해야 합니다. 기기 조작이 의심될 경우 공장 초기화를 진행하는 것이 안전합니다.

또한 IMEI 번호, 기기 모델, 구매 정보, 최신 백업 파일을 미리 기록해 두는 것이 중요합니다. 이러한 정보는 분실 시 복구나 보험 처리, 소유권 증명에 큰 도움이 됩니다.

결론적으로 스마트폰은 가장 중요한 개인 자산 중 하나입니다. 사전에 보안을 강화하고, 위기 상황에서 빠르게 대응하는 것이 피해를 최소화하는 핵심입니다.

라즈의 이야기

라즈는 퇴근 후 기차에서 스마트폰을 잃어버렸습니다. 기기에는 금융 앱, 인증 정보, 개인 데이터가 모두 저장되어 있었습니다.

그는 즉시 “내 기기 찾기” 기능을 사용해 위치를 확인하고 원격으로 기기를 잠갔습니다. 이후 위치 업데이트가 중단되자 데이터를 원격 삭제했습니다.

또한 비밀번호를 변경하고 통신사에 연락하여 SIM을 비활성화했습니다. 이러한 빠른 대응 덕분에 추가 피해를 막을 수 있었습니다.

이후 그는 새로운 스마트폰을 더욱 강력한 보안 설정으로 구성하고, 여행 시에는 별도의 보안용 기기를 사용하는 습관을 들였습니다.

그의 경험은 중요한 교훈을 남깁니다. 스마트폰은 단순한 기기가 아니라 개인의 삶 전체를 담고 있는 공간이며, 이에 걸맞은 수준의 보호가 필요하다는 것입니다.

제9장: 가족과 어린이를 위한 모바일 보안

오늘날 연결된 세상에서 모바일 기기는 가족 생활의 필수적인 일부가 되었습니다. 어린이들은 어린 나이부터 스마트폰과 태블릿을 사용하여 학습, मनोरंजन, 소통을 합니다. 하지만 이러한 기술의 이점 뒤에는 온라인 포식자, 부적절한 콘텐츠, 사이버 괴롭힘, 중독, 데이터 추적, 개인정보 침해와 같은 실제 위험이 존재합니다. 부모나 보호자로서 자녀의 모바일 환경을 안전하게 만드는 것은 매우 중요한 책임입니다.

먼저 위협 환경을 이해하는 것이 중요합니다. 어린이는 단순한 사용자일 뿐만 아니라 적극적인 공격 대상이기도 합니다. 악성 앱, 인앱 결제, 소셜 미디어 알고리즘, 심지어 또래 친구들까지도 어린이의 호기심과 순수함을 이용할 수 있습니다. 아이들은 개인 정보를 공유하거나 광고를 클릭하거나 앱을 다운로드하는 행동의 결과를 잘 이해하지 못하는 경우가 많습니다.

가장 중요한 첫 단계는 열린 소통입니다. 스마트폰 사용은 권리이자 책임이라는 점을 아이들에게 설명해야 합니다. 온라인 위험도 현실 세계의 위험과 같다는 것을 알려주고, 감시가 아닌 보호를 위한 것임을 강조하면 신뢰를 형성할 수 있습니다.

다음으로 보호자 통제 기능을 설정해야 합니다. iOS에서는 Screen Time 기능을 통해 앱 사용 제한, 연령별 콘텐츠 제한, 화면 시간 관리가 가능합니다. 안드로이드에서는 Google

Family Link를 사용하여 앱 다운로드 승인, 사용 시간 제한, 웹사이트 차단 등을 설정할 수 있습니다.

또한 Google과 YouTube의 SafeSearch 기능을 활성화하고, 어린 아이에게는 YouTube Kids와 같은 필터링된 콘텐츠 앱을 사용하는 것이 좋습니다. Qustodio, Norton Family, Bark, Net Nanny와 같은 보호 도구를 사용하면 유해 콘텐츠를 차단하고 이상 행동을 감지할 수 있습니다.

데이터 개인정보 보호 교육도 매우 중요합니다. 아이들에게 이름, 주소, 학교 정보, 사진 등을 낯선 사람과 공유하면 안 된다는 것을 가르쳐야 합니다. 또한 앱이 위치나 행동 데이터를 수집할 수 있다는 점을 이해시키는 것이 필요합니다.

위치 추적은 꼭 필요한 경우를 제외하고 비활성화해야 합니다. 블루투스, AirDrop, Nearby Share 역시 사용하지 않을 때는 꺼두어야 합니다. 이러한 기능은 외부에서 접근될 수 있는 통로가 될 수 있습니다.

사이버 괴롭힘에 대한 교육도 필수입니다. 아이가 불편함을 느끼는 상황이 발생했을 때 부모에게 이야기할 수 있도록 신뢰를 형성해야 합니다. Instagram, Snapchat, TikTok과 같은 플랫폼은 이러한 문제의 중심이 되는 경우가 많습니다.

화면 사용 시간도 관리해야 합니다. 과도한 스마트폰 사용은 수면 부족, 집중력 저하, 불안감을 유발할 수 있습니다. 침실이나 식사 시간에는 스마트폰 사용을 제한하는 것이 좋습니다.

보안 설정뿐만 아니라 물리적 보호도 중요합니다. 강력한 비밀번호를 설정하고, 앱 설치 및 결제 시 부모 승인을 요구하며, 기기를 항상 최신 상태로 유지해야 합니다.

무엇보다 중요한 것은 부모의 행동입니다. 아이들은 부모를 보고 배우기 때문에, 개인정보 보호와 스마트폰 사용 습관을 직접 보여주는 것이 중요합니다.

결론적으로 어린이를 위한 모바일 보안의 목적은 기술로부터 격리시키는 것이 아니라, 올바른 사용 습관과 판단력을 키워주는 것입니다. 신뢰와 교육을 바탕으로 점진적으로 자율성을 부여하는 것이 핵심입니다.

모니카의 이야기

모니카는 10살 아들 레오에게 스마트폰을 사주었지만, 곧 예상치 못한 문제를 겪게 되었습니다.

레오는 모르는 사람과 게임을 통해 소통하고 있었고, 해당 앱은 마이크, 위치, 카메라 접근 권한을 가지고 있었습니다.

모니카는 이를 계기로 Family Link를 설치하고 앱 관리, 사용 시간 제한, 콘텐츠 필터링을 설정했습니다.

또한 레오와 개인정보 보호에 대해 대화를 나누고, 새로운 앱은 반드시 승인 후 설치하도록 규칙을 만들었습니다.

이후 레오는 점점 더 안전한 사용 습관을 갖게 되었고, 스스로 앱 권한을 확인하는 수준까지 성장했습니다.

이 사례는 기술보다 중요한 것이 소통과 교육이라는 사실을 보여줍니다. 부모와 자녀가 함께 만들어가는 보안 환경이 가장 강력한 보호 수단입니다.

제10장: 모바일 보안의 미래 — 트렌드, 위협, 그리고 앞서 나가는 방법

모바일 보안은 더 이상 선택이 아니라 끊임없이 변화하는 필수 요소입니다. 스마트폰이 우리의 삶 전반에 깊이 통합될수록 이를 겨냥한 위협 역시 더욱 정교하고 지속적이며 눈에 보이지 않게 진화하고 있습니다. 앞으로 어떤 변화가 일어날지 이해하는 것은 공격자와 감시 시스템보다 한 발 앞서 나가기 위해 매우 중요합니다.

가장 큰 변화 중 하나는 인공지능(AI)의 활용입니다. 사이버 범죄자들은 이제 AI를 사용해 피싱 공격을 자동화하고, 매우 현실적인 가짜 메시지를 생성하며, 사용자 행동 패턴을 분석하여 맞춤형 공격을 수행합니다. 딥페이크 음성 및 영상 기술은 신뢰할 수 있는 사람을 사칭하여 민감한 정보를 빼내는 데 사용될 수 있습니다.

반면 방어 측면에서도 AI는 중요한 역할을 합니다. 실시간 위협 탐지, 이상 행동 분석, 데이터 유출 방지 등 다양한 기능이 강화되고 있으며, 생체 인증과 행동 기반 보안 시스템이 점점 표준이 되고 있습니다. 스마트폰은 점점 더 스스로를 보호하는 방향으로 진화하고 있습니다.

또 다른 주요 위협은 '제로 클릭 공격'입니다. 사용자의 클릭이나 행동 없이도 메시지나 전화 수신만으로 악성코드가 설치되는 방식입니다. 이러한 공격은 운영체제의 알려지지 않은 취약점을 이용하며, 특히 고위험 사용자에게 매우 위험합니다.

이러한 위협에 대응하기 위해서는 항상 최신 업데이트를 유지하고, 불필요한 서비스는 비활성화하며, 안전한 메시징 앱을 사용하는 것이 중요합니다. Signal과 같은 보안 중심 앱은 이러한 위험을 줄이는 데 도움이 됩니다.

모바일 스파이웨어와 정부 감시 기술도 확대되고 있습니다. Pegasus와 같은 사례는 보안이 강한 기기조차 침해될 수 있음을 보여주었습니다. 이러한 기술은 앞으로 개인이나 기업 수준에서도 사용될 가능성이 있습니다.

이에 대응하기 위해 하드웨어 기반 보안이 중요해지고 있습니다. 물리적 보안 키, 보안 칩, 분산 신원 인증 기술 등이 점점 더 널리 사용될 것입니다. 개인정보 보호를 중시하는 운영체제와 서비스도 증가할 것으로 예상됩니다.

생체 인증 기술도 발전하고 있습니다. 지문과 얼굴 인식을 넘어, 타이핑 습관, 걸음걸이, 심박수, 음성 패턴 등 행동 기반 인증이 등장하고 있습니다. 이는 보안을 강화하는 동시에 개인정보에 대한 새로운 윤리적 문제를 제기합니다.

디지털 지갑과 모바일 신분증 역시 확산되고 있습니다. 스마트폰 하나로 신분증, 결제, 인증을 모두 처리하는 시대가 오고 있으며, 이에 따라 기기 보안의 중요성은 더욱 커지고 있습니다.

5G와 그 이후의 기술은 더 빠른 연결을 제공하지만 동시에 새로운 공격 경로를 만들어냅니다. 스마트 기기, 차량, 웨어러블 등 다양한 장치가 연결되면서 보안 범위도 확대됩니다.

그렇다면 미래에 대비하기 위해 무엇을 해야 할까요? 먼저 지속적으로 학습해야 합니다. 보안은 빠르게 변화하기 때문에 최신 정보를 따라가는 것이 중요합니다. 또한 불필요한 데이터와 계정을 정리하고, 다양한 보안 수단을 함께 사용하는 '다중 보안' 전략을 적용해야 합니다.

또한 중요한 데이터는 오프라인 백업으로 관리하고, 신원 정보 공유를 최소화해야 합니다. 정기적으로 설정을 점검하고, 앱 권한과 보안 상태를 확인하는 습관을 가져야 합니다.

결국 모바일 보안의 미래는 완벽한 안전을 만드는 것이 아니라, 현명한 선택과 습관을 통해 위험을 최소화하는 데 있습니다. 보이지 않는 위협이 존재하는 시대에서 가장 강력한 방어는 사용자의 인식과 행동입니다.

줄리안과 마야의 이야기

줄리안과 마야는 스마트 기기로 가득한 가정을 꾸리고 있었습니다. 그러나 다큐멘터리를 통해 제로 클릭 공격과 스파이웨어의 위험을 알게 되면서 보안을 점검하기 시작했습니다.

그들은 모든 기기의 업데이트를 확인하고, 메시징을 Signal로 통합하며, 보안 키를 도입했습니다. 또한 광고 추적과 위치 기록을 비활성화하고 VPN을 사용하기 시작했습니다.

아이들에게도 디지털 보안 교육을 실시하고, 앱 설치 전 권한을 확인하는 습관을 가르쳤습니다.

결과적으로 그들의 가정은 더욱 안전해졌고, 보안은 일회성이 아닌 생활 습관이 되었습니다.

이 이야기가 주는 핵심 메시지는 단순합니다. 보안은 기술이 아니라 사고방식이며, 지속적인 관리와 학습이 필요하다는 것입니다.

보안은 목적지가 아니라, 지속적인 실천이다

이 책의 마지막에 도달하셨지만, 모바일 보안을 향한 여정은 이제 막 시작되었습니다.

우리는 스마트폰이 단순한 도구를 넘어 우리 자신의 디지털 확장이 된 세상에 살고 있습니다. 스마트폰은 우리가 어디에 가는지, 누구와 대화하는지, 무엇을 검색하는지, 어떻게 소비하는지, 심지어 아무도 보지 않을 때 무엇을 생각하는지까지 알고 있습니다. 그렇기 때문에 스마트폰은 우리의 집, 가족, 그리고 신원을 보호하듯 동일한 긴급성, 경계심, 그리고 주의로 보호되어야 합니다.

이 책을 통해 우리는 잠금 화면 설정부터 암호화된 메시지, 앱 권한 점검부터 스파이웨어와 원격 위협 식별까지 모바일 보안의 모든 계층을 함께 살펴보았습니다. 이제 여러분은 위협이 항상 위협처럼 보이지 않는다는 것을 이해하고 있습니다. 그것은 종종 편리함, 무료 다운로드, 또는 기본 설정의 형태로 나타납니다.

또한 보안의 목적이 두려움이나 불안을 만드는 것이 아니라, 자유를 만드는 것임을 이해하게 되었습니다. 기기, 데이터, 그리고 디지털 습관을 스스로 통제할 때 우리는 더 큰 자신감과 명확함, 그리고 평온함을 가지고 세상을 살아갈 수 있습니다.

여러분은 이제 다음과 같은 방법을 배웠습니다:

스마트한 기본 설정으로 스마트폰을 강화하는 방법
진정한 프라이버시를 위한 메시징 및 영상 도구를 선택하는 방법
사진, 파일, 클라우드 데이터를 유출과 침해로부터 보호하는 방법
악성 또는 조작적인 앱을 식별하고 제거하는 방법
도난, 압수, 분실과 같은 긴급 상황에 대비하는 방법
자녀와 가족이 안전하게 디지털 기기를 사용할 수 있도록 지도하는 방법
습관, 도구, 인식을 통해 미래의 위협에 대비하는 방법

무엇보다 중요한 것은, 보안은 목적지가 아니라 지속적인 실천이라는 점입니다. 기술이 변화함에 따라 설정을 다시 점검하고, 도구를 재평가하며, 스스로를 계속해서 교육해야 합니다. 오늘 안전한 것이 내일도 안전하다는 보장은 없습니다. 하지만 올바른 사고방식을 갖추고 있다면, 어떤 변화에도 유연하게 대응할 수 있습니다.

Cyber Shield Academy 시리즈는 바로 이러한 목표를 위해 존재합니다. 정보 과잉과 조작, 보이지 않는 감시가 만연한 시대에서 진정한 디지털 이해력을 키우도록 돕기 위함입니다.

이 지식을 선택해 주셔서 감사합니다. 이 책이 도움이 되었다면, 주변의 소중한 사람들과 나누어 주세요. 친구, 부모, 청소년, 동료 누구든 좋습니다. 디지털 보안은 모두에게 영향을 미치며,

인식을 확산시키는 것은 나 자신뿐 아니라 다른 사람들까지 보호하는 길입니다.

항상 경계하십시오. 프라이버시를 지키십시오. 그리고 기억하십시오—강력한 힘은 당신의 손안에 있지만, 그만큼의 위험도 함께 존재합니다. 둘 다 반드시 지켜야 합니다.

www.ingramcontent.com/pod-product-compliance
Lightning Source LLC
LaVergne TN
LVHW022030200926
848481LV00007B/2624